MANUAL DE APRENDIZAGEM –

CURSOS PREPARATÓRIOS PARA

CONCURSOS PÚBLICOS

IESDE Brasil S.A.
Curitiba
2011

Dados Internacionais de Catalogação na Publicação (CIP)
(Câmara Brasileira do Livro, SP, Brasil)

Manual de aprendizagem : cursos preparatórios para concursos públicos. -- Curitiba, PR : IESDE, 2011.

1. Concursos públicos 2. Concursos públicos - Guias de estudo.

11-08363 CDD-352.650981

Índices para catálogo sistemático:

1. Brasil : Concursos públicos : Preparatórios : Administração pública 352.650981

ISBN: 978-85-387-2470-4

IESDE Inteligência Educacional

IESDE Brasil S.A.
Al. Dr. Carlos de Carvalho, 1.482. CEP: 80730-200
Batel – Curitiba – PR
0800 708 88 88 – www.iesde.com.br

VARIEDADE DE TÍTULOS

PREÇO ACESSÍVEL

APRENDA MAIS EM MENOS TEMPO

ESTUDE EM QUALQUER LUGAR

97% DE SATISFAÇÃO*

*Preparar-se bem é fundamental para o seu **sucesso!***

*Conheça os demais títulos dos **Cartões IESDE**:*

ENEM

Concursos Públicos

Área Jurídica

ENEM Básico

***IMPORTANTE!** No site Aprova Concursos você poderá escolher um curso de sua preferência entre todos os títulos disponíveis. Caso deseje fazer um outro curso ou preparatório, basta adquirir um novo Manual e utilizar a senha que o acompanha.*

** Fonte: Ebit.*

Como funcionam os cursos preparatórios?

Os cursos preparatórios do APROVA CONCURSOS são compostos por videoaulas e materiais complementares em PDF. Todo o conteúdo é acessado via internet, por meio do portal de estudos AVA. O estudante pode acessar as videoaulas quantas vezes desejar enquanto o prazo do curso adquirido estiver vigente.

Quais são os diferenciais dos cursos preparatórios do APROVA CONCURSOS?

- Cursos totalmente online: preparatórios compostos por videoaulas e apostilas em PDF acessadas exclusivamente pela internet.
- Cursos específicos: cursos de disciplinas específicas para quem deseja reforçar o estudo em uma determinada matéria.
- Flexibilidade: é possível estudar no horário e no local que a pessoa desejar, podendo inclusive definir seu ritmo de estudo.
- Acesso ilimitado: a pessoa acessa as videoaulas e apostilas quantas vezes desejar, durante o prazo de vigência do curso.
- Excelência: alta qualidade dos materiais e do conteúdo produzido.
- Vídeos customizados: utilização de recursos audiovisuais e alta tecnologia para facilitar o entendimento do conteúdo.
- O melhor custo/benefício: só o APROVA CONCURSOS oferece cursos a preços acessíveis e com qualidade garantida.

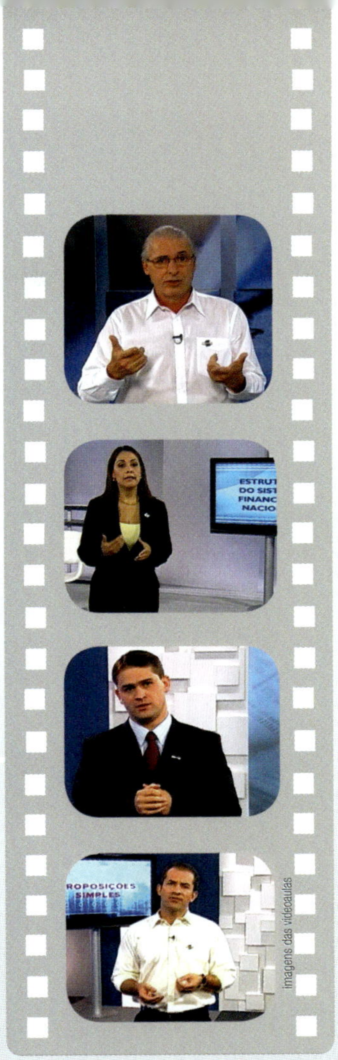
Imagens das videoaulas

MANUAL DE APRENDIZAGEM COM SENHA DE ACESSO

VIDEOAULAS NA INTERNET

LIVROS DIGITAIS

QUESTÕES RESOLVIDAS E COMENTADAS

Conteúdo 100% online com a qualidade IESDE Brasil.

Melhorando o desempenho nos estudos

Elisângela Campos Rodrigues

> A beleza de ser um eterno aprendiz.
>
> *Gonzaguinha*

Chegou a hora de praticar. Antes, porém, lembre-se de que o importante é que cada pessoa identifique em quais situações o seu desempenho é melhor e quais recursos podem ser utilizados como ferramentas de apoio à aprendizagem.

Para isso, é importante se observar!

Sugerimos algumas reflexões antes de se organizar para a nova fase que se pretende iniciar nos estudos:

- Daqui para frente, como você gostaria de se comportar nos estudos?
- De que você precisa para atingir o resultado esperado?
- Quais recursos podem ser aproveitados?
- O que precisa ser modificado?

"A verdadeira aprendizagem só ocorre quando o indivíduo dominou inteiramente o assunto objeto do aprendizado, esse domínio leva-o a novas atitudes e habilidades." (CARVALHO, 1999, p.19-20). O que dá sentido à aprendizagem completa é a aquisição e a inter-relação de ideias. Segundo Piaget, "o professor não ensina; ajuda o aluno a aprender" (*apud* LIMA, 2009). Desse modo, a aprendizagem passa a ser resultado do esforço do indivíduo, os métodos e as técnicas de ensino sendo ferramentas para a criação de um ambiente propício cujo resultado é a aprendizagem.

Esqueça o pouco tempo disponível, dedique-se a reconhecer os seus pontos fortes, que precisam ser preservados, e os pontos fracos, que precisam ser transformados. É muito importante que você esteja consciente do seu estilo de aprender, da maneira como você se sente mais à vontade para aprender e de que recursos lhe chamam mais a atenção. Lembre-se de que cada um tem um ritmo próprio.

Autoavaliação

Já que estamos falando de ritmo, que tal montar um esquema e identificar como você distribui as suas atividades diárias. Para cada dia da semana, como você distribui as suas tarefas durante os três períodos do dia? Como você ocupa o período da manhã? E a tarde? E a noite, o que você costuma fazer? Usando esse recurso, você vai identificar os períodos livres ou aqueles que podem ser modificados para que você aproveite melhor o tempo. Reflita sobre como você utiliza seu tempo.

E o seu tempo de estudo? Como ele é aproveitado na sua rotina? No esquema que acabou de montar, quantas vezes você registrou a tarefa estudo?

Talvez seja o momento de começar a entender como você estuda. Já parou para pensar sobre os seus hábitos de estudo e os recursos que você utiliza?

Inventário de hábitos[1]

Algumas situações que o levarão a refletir sobre os seus hábitos de estudo.

Motivação para o estudo

- A propaganda na internet o distrai e você não consegue se concentrar.
- Enquanto estuda, você permanece conectado, acompanhando seus amigos *on-line*.
- Você começa a estudar e facilmente se concentra no assunto.
- Enquanto estuda, você precisa se manter conectado para realizar pesquisas na internet.
- Você gosta de ler os resumos ou anotações que faz, independentemente da data da prova.
- Você não troca o horário de estudo se surgir uma oportunidade de se divertir.
- Quando começa a estudar, você esquece a hora.
- Todo momento é uma oportunidade para você aprender.
- Você acompanha se outros alunos estão *on-line* no ambiente virtual de aprendizagem.
- A hora passa rapidamente enquanto você estuda e assim não consegue concluir as tarefas.
- Enquanto faz pesquisas, um assunto diferente desperta a sua curiosidade e você acaba fazendo pesquisas sobre pesquisas e perde o foco principal.
- Quando recebe um material novo, você fica empolgado e curioso, procurando conhecer o conteúdo ou pelo menos folhear esse material.

Ambiente de estudo

- Você gosta de estudar em local silencioso, de preferência reservado, não gosta de ser interrompido.
- Você estuda deitado, faz leituras, ouve ou assiste vídeos sempre deitado.
- Você prefere estudar bem acomodado, sentado, próximo de todo o material, fazendo anotações enquanto lê/ouve/assiste.
- Pessoas circulando ou conversando perto não atrapalham quando você estuda.
- Quando ouve uma música, você presta atenção na letra.
- Você consegue se concentrar no assunto enquanto alguém faz a narração.
- Você precisa estudar em local movimentado, sabendo quem chega e quem sai, e isso não distrai sua atenção.
- Você sempre tem à mão papel, lápis ou caneta, procurando anotar assuntos que o interessam e sempre pesquisa sobre eles.
- Você consegue se perder na própria mesa de estudos.
- Seus arquivos no computador não estão bem organizados e às vezes você leva um tempo para encontrar o material.

---

[1] Baseado em **Inventário de hábitos de estudo**, 2009.

Organização do tempo

- Antes de iniciar os estudos, você organiza seu tempo, faz uma lista de atividades a cumprir.
- Você costuma montar um plano diário.
- Você monta um plano semanal e revisa no fim de semana, avaliando se cumpriu todas as tarefas.
- Você cumpre com rigor as suas horas de estudo.
- Todo dia você estuda um pouco.
- Você deixa para estudar somente nos fins de semana.
- Você estuda apenas quando é possível, quando não tem nada programado, resolve na hora.
- Embora programe os estudos, defina dias e horários, você não consegue cumprir sua programação.
- Você não tem muita ideia do que terá que fazer durante o dia quando se levanta, resolve na hora, dependendo do que aparece.

Organização pessoal

- Às vezes você não lembra onde anotou ou não consegue entender o que escreveu.
- Você tem um caderno especial para as anotações.
- No seu computador, há uma lista das informações importantes que funciona como um caderno virtual.
- Você sempre busca as anotações para revisar o conteúdo ou esclarecer uma dúvida.
- Embora faça anotações, você nunca consegue tempo para revisar ou consultar.
- Provas o preocupam, você fica pensando que deveria ter estudado antes, preparado um plano de estudo, aproveitado melhor o tempo.
- Quando começa a estudar um assunto, você vai até o fim, procura deixar tudo muito claro.

Hábitos de leitura

- Você lê com facilidade na tela do computador.
- Sua leitura é mais prazerosa e completa quando tem o texto em mãos, preferindo livros ou qualquer outro impresso.
- Em qualquer tipo de leitura, quando não entende determinada abordagem, você salta partes do texto, não acompanhando a sequência de início, meio e fim.
- Quando a leitura está chata ou não entende o conteúdo, você abandona o material.
- Quando a leitura está chata ou não entende o conteúdo, você procura compreender o motivo disso e costuma pensar em alguma estratégia que ajude a concluir a leitura e tirar proveito dela.
- Você não consegue se concentrar em leituras de conteúdo didático.
- Você faz leituras rápidas, passa os olhos rapidamente nos conteúdos a serem trabalhados, lê rapidamente alguns parágrafos.

Atenção e memória

- Você acompanha seu calendário de estudos, sabe exatamente quais os assuntos previstos para a prova presencial.
- Você fica desesperado, nunca sabe por onde começar os seus estudos.
- Você faz marcas inteligentes no texto como forma de estabelecer vínculo com o conteúdo.
- Quando lê um arquivo digital, você utiliza recursos como realce, muda a cor da fonte, sublinha, registra comentários etc. para que a leitura não se seja cansativa e para compreender melhor.
- Você faz desenhos e esquemas durante a leitura, montando um tipo de resumo que ajuda a lembrar.
- Você procura resumir o capítulo em itens ou palavras-chave, faz anotações nas margens do texto ou faz um resumo por capítulo.
- Enquanto lê, você articula, faz perguntas a si mesmo, para, reflete sobre algumas palavras, anota e continua a leitura.
- Você precisa estudar, mas anda cansado e mesmo assim procura ler alguma coisa porque às vezes uma pequena insistência o ajuda a se motivar.
- Você estuda com o rádio ou a TV ligada e percebe que isso distrai porque interrompe a leitura para prestar atenção ao que acontece do lado.
- Mesmo com horário marcado para algum compromisso, você consegue aproveitar o tempo e estudar, nem que seja apenas parte do conteúdo.
- Se tiver alguma outra coisa para fazer, você não consegue se concentrar nos estudos.
- Qualquer barulho o distrai.
- Quando termina a leitura ou estudo, você continua refletindo sobre o conteúdo.
- Quando não entende o conteúdo, você recomeça a leitura sem desânimo, prestando mais atenção.
- Você não presta atenção em detalhes do texto.
- Enquanto estuda, você interrompe várias vezes, sai para comer, dá uma volta, mas está atento ao tempo: as pausas o ajudam a pensar melhor.
- Enquanto estuda, você interrompe várias vezes e por fim sente que aproveita muito mal o tempo.

Independentemente do resultado, se positivo ou negativo, observe a interação dos princípios de aprendizagem aplicados ao treinamento. É isso que precisa acontecer para que um novo hábito seja formado e consequentemente aconteça mudança de comportamento.

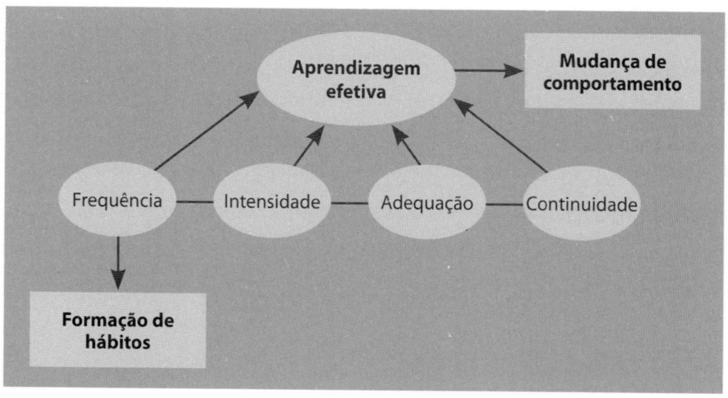

Note que, em um treinamento, a formação do hábito depende da frequência que você adota nos estudos. Essa prática, aliada à intensidade, à adequação e à continuidade, resulta na aprendizagem e esta, por sua vez, na mudança de comportamento. A aprendizagem de que falamos aqui é a aprendizagem do novo hábito, da nova postura que você pretende adotar nos estudos a distância.

De acordo com a avaliação dos seus hábitos de estudos, observe aquelas características que representam fraquezas que precisam ser modificadas e observe também os seus pontos fortes, os quais devem ser preservados como fonte motivadora no seu processo de aprendizagem. Pretti (2001) sugere ao aluno uma autoavaliação a respeito da existência de aspectos internos e externos que podem ser controláveis de maneira a apoiar e facilitar o seu aprendizado.

Qualquer pessoa aprende melhor quando percebe o sentido daquilo que se estuda, quando os objetivos de estudo lhe são claros e bem definidos, quando se sente encorajada e animada a descobrir, quando consegue estabelecer associações com a realidade em que vive e principalmente, por meio do autoconhecimento, quando há compreensão da própria maneira de aprender.

Não guarde a sua reflexão mentalmente: registre tudo no papel ou em um arquivo eletrônico, estabeleça um propósito, faça um contrato consigo mesmo.

A seguir, apresentamos algumas perguntas que podem ajudá-lo na autoavaliação.

Autoavaliação

- Para estudar, dependo que outra pessoa me motive? Por que ainda não descobri formas de me automotivar?
- Estudar para mim é uma obrigação? Estudo para quê? Onde quero chegar? O que preciso mudar para fazer do estudo uma atividade prazerosa?
- Enquanto estudo, como reajo diante da descoberta? Quando descubro, entendo determinado assunto ou consigo solucionar um problema confuso, vibro, sinto-me feliz, sorrio, manifesto alguma emoção?
- Sinto dificuldade para me concentrar e iniciar meus estudos?
- Enquanto navego na internet, que tipo de site eu costumo visitar? O que procuro com esses acessos? O que aprendo com eles?
- Como me organizo para verificar o meu e-mail? E quanto tempo reservo para responder os meus e-mails?
- Aprendo melhor com atividades práticas? Preciso praticar para aprender?
- Costumo reservar um tempo para refletir sobre a disciplina que estou aprendendo? Prefiro a teoria?
- Memorizo melhor quando vejo e escrevo ou quando ouço e quando leio em voz alta?
- Meu rendimento é melhor durante o dia ou à noite? O silêncio da madrugada me ajuda a estudar?
- Preciso de silêncio absoluto para estudar ou consigo prestar atenção independentemente do local em que estou?
- Só consigo estudar quando tenho muitas horas livres para me dedicar ou consigo utilizar partes menores do tempo e depois reúno o conjunto de informações e as conecto sem prejuízo?
- Reservo diariamente um momento para o estudo, mesmo que seja um período curto?
- Quando tenho uma ideia, preciso tomar nota para não esquecer?

As respostas a essas perguntas vão ajudá-lo a compreender o seu atual nível de disciplina nos estudos. Com as respostas, você pode identificar hábitos positivos e também aqueles hábitos que precisam ser modificados para que você oriente a qualidade de desempenho que pretende para seus estudos a distância.

Lembre-se: a disciplina será uma importante aliada na sua trajetória de aprendiz.

Segundo Herraiz (*apud* SENAI, 2002, p. 35), nossos sentidos recebem informações distribuídas, em média, da seguinte forma:

- 83% pela visão;
- 11% pela audição;
- 3,5% pelo olfato;
- 1,5% pelo tato; e
- 1% pelo paladar.

Em média, retemos 10% da informação pela leitura, 50% pelo que vemos e ouvimos e 90% praticando.

Considerando alguma variação de pessoa para pessoa, entender como esses processos de captação e retenção acontecem com você vai ajudá-lo a definir os instrumentos e as estratégias mais adequadas para o seu estudo.

Preferências de estudos e estratégias de aprendizagem

O importante é que cada pessoa identifique em quais situações o seu desempenho é melhor. Para isso, é importante observar!

Então, mãos à obra: faça uma experiência!

Durante uma semana, procure identificar as suas preferências de estudo e as estratégias que costuma usar. Pode começar refletindo sobre as preferências e estratégias usadas no ensino presencial. Depois, procure refletir sobre a sua postura em EAD. Em seguida, faça uma comparação entre os recursos que utiliza nas duas metodologias de ensino. Essa comparação pode apresentar um resultado bastante interessante e valioso para o novo conceito de aprendizagem que você vai adotar daqui para frente.

Minhas preferências de estudo

No inventário de hábitos, você reservou um momento para refletir sobre as suas atitudes na rotina de estudos. É provável que você tenha se reconhecido em algumas daquelas situações. Para ajudá-lo a filtrar as suas preferências de estudo, anote as suas observações.

Observo que o meu rendimento é melhor quando estudo

____

Observo que meu rendimento é menor e parece que não me adaptei a estudar com

____

____

Ainda não experimentei estudar desse jeito:

___

___

Em algumas situações, durante o dia, deixamos de utilizar o nosso tempo de maneira eficiente. Assim, passe a observar como você aproveita o seu tempo.

Note que em cada situação, cada momento do seu dia, você pode estudar de uma maneira diferente. O importante é estudar com qualidade e isso você pode alcançar combinando recursos, baseado nas suas preferências. Depois, é só colocar em prática!

Veja como você pode aproveitar o tempo e identificar o melhor recurso a ser utilizado.

Observe alguns exemplos.

Situação	Ambiente	Recursos
Pela manhã, no trajeto de casa para o trabalho, gasto 40 minutos. Como posso ocupar esse tempo?	Carro (se você utiliza esse meio de transporte)	Arquivos de áudio podem tocar no aparelho de som do carro.
	Ônibus (se você utiliza esse meio de transporte)	MP4 ou livros.
No trabalho, tenho duas horas de intervalo para o almoço. Com a refeição, gasto apenas 30 minutos desse tempo, e preciso de 30 minutos para um breve descanso. Ainda tenho uma hora.	Trabalho	Leituras ou organização e revisão de conteúdos. Arquivos de MP4. Se for possível, acesso a internet, uma visita rápida ao AVA para saber o que tem de novo.
Depois de um dia de trabalho, estou cansado. Será que consigo fazer alguma coisa relacionada a estudo?	Noite	Filme que o professor indicou e tem relação com aquilo que você estuda. MP4 com o livro em mãos também pode ser uma alternativa.

Agora é a sua vez! Você pode preencher o quadro aos poucos: sempre que observar uma situação que poderia ser mais bem aproveitada, recorra ao quadro e registre a sua observação.

Esqueça o pouco tempo disponível: apenas procure identificar a maneira como utiliza seu tempo, que recursos prefere, como os utilizou recentemente. Entenda como você está estudando hoje.

Para ajudar a identificar as suas preferências e definir as suas estratégias de aprendizagem na educação a distância, vale analisar as questões a seguir.

- Onde prefere estudar?
- O que anda desviando a sua atenção?
- Como aproveita o seu tempo?
- Como usa o ambiente virtual?
- Prefere leitura, áudio ou vídeo?
- Participa do fórum de discussão e procura realizar atividades propostas, entregando-as no tempo certo?
- Revisa a correção da sua atividade?
- Solicita apoio e procura esclarecer as dúvidas com o professor?
- Sente alguma dificuldade em expressar a sua dúvida ou compreender o retorno do professor?

- Procura solucionar todas as dúvidas? Não deixa nada pendente?
- Respeita o cronograma proposto pelo curso?
- Costuma definir o que vai fazer antes de iniciar uma tarefa?

Você pode preferir estudar

- escrevendo, mesmo que seja copiando tudo (desde que esteja atento ao assunto);
- fazendo resumos;
- marcando o texto digital ou impresso;
- lendo na tela do computador;
- ouvindo;
- brincando ou jogando.

Agora que já definiu algumas de suas preferências, para desenhar um bom plano de estudos você deve incluir estratégias de aprendizagem. Como não existe apenas uma estratégia a ser adotada, vai reunir características da sua preferência, avaliar o tempo disponível e como é a sua rotina (aquilo que você já faz), vai considerar a maneira como pretende aproveitar o seu tempo, definir o percurso que pretende seguir e a forma como pretende adquirir o novo comportamento.

As estratégias de aprendizagem representam ações que irão direcionar o seu plano de estudos. *Estratégia* é uma maneira de explorar as condições favoráveis visando à realização de uma meta ou objetivo, são recursos conscientes que o aprendiz utiliza como forma de melhorar o seu desempenho. As estratégias de aprendizagem podem envolver recursos que ampliam os canais de percepção, as formas de compreensão e o processamento do conteúdo estudado, ajudando, inclusive, a organizar o seu tempo e o seu programa de estudos.

Você pode utilizar estratégias como

- criar legendas e indicativos de atenção, dúvida, discordância, curiosidade;
- fazer perguntas a si mesmo e se comprometer em descobrir a resposta explorando os recursos de que dispõe;
- usar fichas, controles de avanço e assimilação de conteúdo.

Ultimamente, temos usado muito mais os recursos tecnológicos na educação, na aprendizagem e nos estudos. Por exemplo, guardamos no computador uma série de arquivos com textos, imagens, áudio e vídeo.

Na estante, escrivaninha ou prateleira, organizamos nossos livros, cadernos e papéis em pastas e separadores.

Quando precisamos de alguma fonte ou referência, ou quando precisamos estudar, recorremos ao computador para acessar nossos arquivos ou conectar a internet, recorremos às nossas estantes de livros ou buscamos outras maneiras, como a visita a uma biblioteca.

O que nos faz lembrar que temos esses recursos é a nossa memória. Aprendemos que no computador ou nos livros estão as informações de que precisamos para aquele momento. A memória guarda, por exemplo, que determinado autor trabalhou o assunto da mudança de comportamento nos estudos e então você se lembra de que tem um texto daquele autor e procura algum tipo de contato para estudar o assunto ou até mesmo revisá-lo.

E em outras situações? Como você utiliza a sua memória? Como armazena as novas informações? Quando você aprende, como estabelece conexões com experiências que já viveu ou ouviu de alguém? Como você busca essas informações?

As respostas a cada uma dessas perguntas podem indicar métodos estratégicos de estudo que você já utiliza, mas nunca parou para pensar neles.

Retendo informações

Guardo as informações quando utilizo recursos como

____

____

Algumas pessoas preferem o uso de anotações – escrevem as suas ideias, fazem resumos, utilizam fichas, anotam palavras-chave, desenvolvem códigos, frases ou novas palavras que permitem fazer associações.

Algumas pessoas criam imagens mentais.

Outras, preferem repetir em voz alta ou escrevendo.

Há pessoas que aprendem assistindo a filmes, lendo jornais, revistas.

Outras, utilizam recursos como a leitura dinâmica, que é um método de leitura rápida em que se garante o entedimento apesar da velocidade.

Há pessoas que só conseguem ler materiais impressos e utilizam recursos como canetas coloridas, fazem grifos, minianotações.

Outras, já desenvolveram o hábito de ler na tela do computador.

Há pessoas que observam os gestos de quem fala e criam associações para aprender.

Há quem aprenda por meio de recursos virtuais como a participação em grupos de discussão *on-line*, debatendo ideias e conhecendo opiniões em *chats*, utilizando as ferramentas da internet, os livros digitais, as audioaulas e as videoaulas.

Há pessoas que aprendem apenas prestando atenção.

Há quem utilize recursos como recompensa quando concluem um programa de estudos e atinge os resultados que definiu.

Estratégias de organização

Você busca outras fontes, lê notícias, pesquisa sobre aquilo que está estudando?

Identifique as estratégias que melhor se adaptam à sua rotina e ao seu estilo de aprendizagem, aplique essas estratégias ou crie suas próprias estratégias. Experimente a combinação de vários recursos estratégicos e avalie, busque reconhecer aqueles aos quais você melhor se adaptou.

O que funciona para uma pessoa pode não funcionar tão bem para outra, cada um tem o seu estilo e o seu ritmo próprio de aprendizagem. Mesmo assim, procure compartilhar as suas experiências.

E é muito importante que você esteja consciente do seu estilo de aprender, da maneira como se sente mais à vontade para aprender e de quais recursos mais lhe chamam a atenção. Lembre-se de que cada um tem um ritmo próprio. Aproveite aquele dia em que acordou inspirado e com a atenção redobrada.

Também é bom estar consciente de que nenhum estilo é absoluto. Os estilos que apresentamos servem para indicar características e qualidades individuais – a partir daí é possível reunir aquelas que mais parecem com você.

Mais que os nomes das teorias e as suas classificações, nessa fase o importante é identificar as características para definir a melhor estratégia.

Identificando-se com a característica do estilo de aprendizagem

Teoria	Estilos	Enquanto estudo, percebo características desses estilos quando utilizo os seguintes recursos
Richard Felder	Ativo	
	Reflexivo	
	Sensorial	
	Intuitivo	
	Indutivo	
	Dedutivo	
	Visual	
	Verbal	
	Sequencial	
	Global	
Alonso e Gallego	Ativo	
	Reflexivo	
	Teórico	
	Pragmático	
PNL	Visual	
	Auditivo	
	Cinestésico	

- Se você é do tipo que aprende fazendo, precisa de estímulo visual e adapta-se melhor quando são fornecidos esquemas e gráficos, tenha em mãos papel e caneta, crie seu próprio esquema – um texto complicado pode se transformar em um esquema de fácil compreensão. Esse recurso pode facilitar bastante na hora de revisar o conteúdo. Risque, rabisque, marque, seja no papel ou em arquivos virtuais. Prepare seus próprios resumos. Acompanhe e controle o que está fazendo, organize fichas, controles de avanço e de assimilação de conteúdo. Sinta-se à vontade para fazer os ajustes necessários até que o novo comportamento seja apreendido.

- Se você tem um perfil ativo, participe dos fóruns e motive as pessoas a participar, faça pesquisas na internet, compartilhe, troque informações. Enquanto estuda ou pesquisa, converse com você mesmo, faça perguntas como "Não entendi isso, o que quer dizer?" Registre suas novas ideias.

- Se você é do tipo que prefere analisar dados e gosta de refletir, mantenha-se informado, faça pesquisas na internet, colete informações, organize, escreva sobre elas.
- Se você aprende melhor enquanto ouve alguém falar, não dispense um arquivo de áudio, pesquise – na internet, você tem notícias, entrevistas e debates em *podcast* (arquivo digital em geral com gravação em áudio com pouco mais de um minuto). Aproveite para ouvir seus *podcasts* nos momentos de folga.

E vale repetir: as características descritas nos estilos de aprendizagem servem como indicadores para auxiliar na identificação da maneira como você recebe, processa e retém a informação. Existem muitas combinações possíveis para definir o seu perfil – nos exemplos anteriores, foram misturadas características de diferentes estilos, percepções e habilidades.

Hoje você pode querer utilizar um recurso visual, logo mais pode optar pelo auditivo. Ninguém é só visual ou só auditivo. Aproveite: a EAD permite que você utilize diversos recursos, já que o importante é aprender!

Distribuição do tempo

Reunidas todas as suas qualidades e reconhecidas as características do seu estilo de aprendizagem, é hora de organizar o tempo.

A organização do tempo é uma estratégia de que todo mundo precisa (todo mundo sabe que precisa) e que de alguma maneira todo mundo usa. Antes de sair de casa, costumamos calcular o tempo para se arrumar, o tempo necessário para chegar à escola ou ao trabalho, já temos no início do dia a previsão do horário do almoço, a necessidade de ir ao banco, ao médico ou ao supermercado e tantas outras atividades. Mas essa organização, normalmente, precisa de ajustes. No estudo acontece a mesma coisa, é preciso organizar o processo de estudar.

Mesmo que uma sugestão de cronograma seja oferecida, uma estratégia para o bom desempenho nos estudos é adaptar o modelo em uma organização particular. Isso é importante porque respeita o seu ritmo, as suas necessidades, o seu estilo de aprendizagem – enfim, a sua rotina diária. Isso contribui para que você defina a maneira como vai aplicar as suas estratégias de aprendizagem e a utilização dos recursos midiáticos disponíveis.

Uma dica para se organizar é adotar a representação visual. Pode ser um esquema, um gráfico desenhado por você, uma lista de atividades com os tempos determinados para cada tarefa, agendas, lembretes.

Controle o seu avanço no conteúdo estudado, compare com o seu plano de estudos e observe se é necessário algum ajuste para concluir no tempo sugerido por você mesmo. Aproveite para analisar se o seu planejamento adotou objetivos e metas claras e realizáveis: não adianta nada se programar para estudar todo o conteúdo de um curso em três dias ou às vésperas de uma prova presencial.

E não deixe de executar o ciclo de controle: planejar, desenvolver, controlar e avaliar. Como você pode observar, para desenvolver um plano de estudos eficaz é preciso conscientizar-se do seu papel de aprendiz, é necessário desenvolver o autocontrole, pôr em prática a disciplina, procurar concentrar-se, monitorar os hábitos que influenciam negativamente o seu processo de aprendizagem. É necessário desenvolver recursos próprios e estratégias de aprendizagem, reconhecer estilos e preferências de estudo. Para desenvolver seu programa de estudos, é preciso aprender a estudar, adotando uma postura autônoma.

Plano personalizado de estudos

A seguir, vai uma sugestão para o seu plano, um calendário do mês com três linhas para cada dia, para se programar para cada período do dia (manhã, tarde e noite).

PLANEJAMENTO DE ESTUDOS - mês/ano						
Anotações:						**01 - DOMINGO** E-mails (20 min) Fórum EAD (1 h) Leitura (3h) E-mails (15 min) Leitura (3h) Produzir texto (1h) LIVRE
02 - SEGUNDA	**03 - TERÇA**	**04 - QUARTA**	**05 - QUINTA**	**06 - SEXTA**	**07 - SÁBADO**	**08 - DOMINGO**
09- SEGUNDA	**10 - TERÇA**	**11 - QUARTA**	**12 - QUINTA**	**13 - SEXTA**	**14 - SÁBADO**	**15 - DOMINGO**
16 - SEGUNDA	**17 - TERÇA**	**18 - QUARTA**	**19 - QUINTA**	**20 - SEXTA**	**21 - SÁBADO**	**22 - DOMINGO**
23 - SEGUNDA	**24 - TERÇA**	**25 - QUARTA**	**26 - QUINTA**	**27 - SEXTA**	**28 - SÁBADO**	**29 - DOMINGO**
30 - SEGUNDA	**Outras anotações:**					

Novo hábito ou novo aprendizado?

Depois de adequar os recursos pessoais e tecnológicos, experimentar, manter a frequência regular para formar o hábito e adquirir a disciplina, você está preparado para a mudança, pronto para gerenciar o seu aprendizado autônomo.

Inicialmente, o resultado desse processo será a presença de um novo hábito, uma mudança de comportamento. Quando você mantiver o verdadeiro domínio sobre os seus hábitos, sobre as suas novas atitudes e habilidades adquiridas, aí sim, você atingiu a verdadeira aprendizagem e desenvolveu a sua autonomia nos estudos.

A aprendizagem é o resultado do esforço e da dedicação do indivíduo!

Estimule a sua nova atitude, crie o novo hábito, adote o novo comportamento e adquira o novo aprendizado como mérito do seu esforço e dedicação.

Dicas de estudo

- BAUERLEIN, Mark. **"Distrações Digitais" Emburrecem a Juventude**.

Professor da Universidade Emory, em Atlanta, realizou uma série de pesquisas com jovens americanos e concluiu que mensagens instantâneas, sites de relacionamento e mensagens de texto pelo celular estão emburrecendo a juventude. Embora as pesquisas tenham sido realizadas nos Estados Unidos, vale a pena conferir o artigo e refletir sobre a sua atitude na utilização das novas tecnologias.

Disponível em: <http://www.estadao.com.br/estadaodehoje/20080602/not_imp182306,0.php>.

- BEVILACQUA, Mariana. **Aprender a Distância Requer Disciplina**.

Acompanhe a opinião de especialistas e experiências de estudantes da modalidade EAD.

Disponível em: <http://www.universia.com.br/materia/materia.jsp?materia = 17709>.

- FIELD, Marie. **10 Principais Dicas para se Obter um Ensino a Distância de Sucesso**.

Dicas da QS Top Universities para garantir que você obtenha sucesso no seu curso de ensino a distância.

Disponível em: <http://www.aec.edu.br/blog/?p=44>.